JN045149

どうなってるの？

税金の使われ方

ぜい　きん

② 学ぶ・くらしを守る　学校・文化・警察・消防 ほか

けい さつ　しょう ぼう

『税金の使われ方』編集委員会 編著

汐文社

どうなってるの？　税金の使われ方

②

学ぶ・くらしを守る〜学校・文化・警察・消防ほか

もくじ

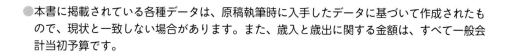

●本書に掲載されている各種データは、原稿執筆時に入手したデータに基づいて作成されたもので、現状と一致しない場合があります。また、歳入と歳出に関する金額は、すべて一般会計当初予算です。

国があつかうお金のしくみ

　消費税や所得税、住民税など、私たち国民は、国や地方公共団体（自治体）に税金を払っています。なぜ、国や自治体は税金を集めるのでしょうか？

　みんなが使う道路や水道、橋、学校などは、国や自治体が建設しています。その費用の多くは、税金でまかなわれているのです。もし税金がなかったら、これらをつくることができません。

　つまり、国や自治体は、国民や企業から集めた税金（収入）を、公共の施設やサービスを提供するためのお金にあてているのです。

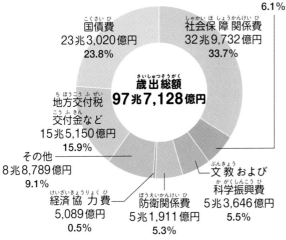

国の歳出 （2018年度）

公共事業関係費
5兆9,789億円
6.1%

社会保障関係費
32兆9,732億円
33.7%

国債費
23兆3,020億円
23.8%

歳出総額
97兆7,128億円

地方交付税
交付金など
15兆5,150億円
15.9%

その他
8兆8,789億円
9.1%

経済協力費
5,089億円
0.5%

防衛関係費
5兆1,911億円
5.3%

文教および
科学振興費
5兆3,646億円
5.5%

出典：財務省ホームページ「日本の財政関係資料」（一般会計予算）

　国や自治体が収入を得て支出をするという経済活動を「財政」といい、収入は「歳入」、支出は「歳出」といいます。

　2018年度の国の歳入と歳出はともに97兆7,128億円で、歳出の内訳は、左の図のようになっています。

国の税金・地方の税金

　国と自治体は、それぞれが税金を集めています。国が集める税金を「国税」、自治体が集める税金を「地方税」といいます。

　たとえば、会社などにつとめている人であれば、所得税、住民税（道府県民税と市町村民税＊）などが給料から差し引かれますが、そのうち所得税が国税、住民税が地方税です。また、私たちが買い物をするときに支払う消費税のうち（税率10％の場合）、7.8％が国税、2.2％が地方税となっています。

　では、なぜ国と地方が別々に税金を集めているのでしょうか？　それは、国と地方で担当する仕事がちがうためです。たとえば、国民全体にかかわる経済政策や外国との交渉などは国の仕事、地域の人びとにかかわる警察や消防、上下水道などは地方の仕事です。そのため、それぞれの財源も国と地方で分けています。

　ちなみに、国税の使い道は国会で決められ、地方税は各自治体が設置する議会（都議会、市議会など）で使い道が決められます。

＊東京都の場合は、都民税と区民税（23区の場合）、市町村民税（23区外の場合）となります。

国税と地方税（おもなもの）

国税		所得税、法人税、相続税、贈与税、消費税（国税分）、たばこ税など
地方税	道府県税・都税	個人道府県民税（個人都民税）、法人道府県民税（法人都民税）、事業税、自動車税、地方消費税など
	市町村税・区税	個人市町村民税（個人区民税）、法人市町村民税、固定資産税、都市計画税など

教育や科学技術を支える税金

4ページの歳出のなかで、みなさんにとっても身近なのが、「文教および科学振興費」です。

これは、みなさんが毎日通っている学校でおもに使われている税金です。小学校はもちろん、中学校や高校、大学でも使われており、子どもが社会人としての知識と能力を身につけられるよう必要な教育を行うために使われます。

また、「科学振興」とは、科学技術の研究などを指します。将来のくらしを今より便利で快適なものにするだけでなく、地震などの災害にそなえて、より安全に生活を送ることができるための研究が行われていて、その資金の一部に税金が使われているのです。

文教および科学振興費とは？

学校で学ぶために

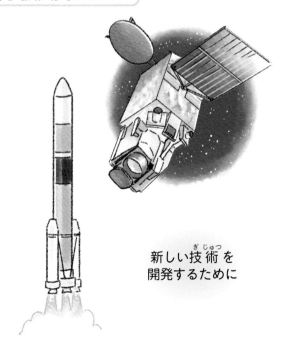

新しい技術を開発するために

2018年度の文教および科学振興費は、5兆3,646億円です。そのうち学校にかかわるものには、小・中学校の教職員の給料などに使われる義務教育費国庫負担金（➡8ページ）、教科書の配布や高等学校無償化の費用などに使う教育振興助成費（➡9ページ）などがあります。

また、お金がなくて学校へ行けない人にお金を貸しつける育英事業費（➡10ページ）にも税金が使われています。

そのほかにも、公立の学校で、古い校舎を建てかえたり、壊れたところを直したりする公立文教施設費（➡12ページ）などがあります。

また、科学技術振興費は、さまざまな研究や技術開発に使われます（➡14ページ）。2018年度予算では、1兆3,159億円です。

文教および科学振興費の内訳（2018年度）

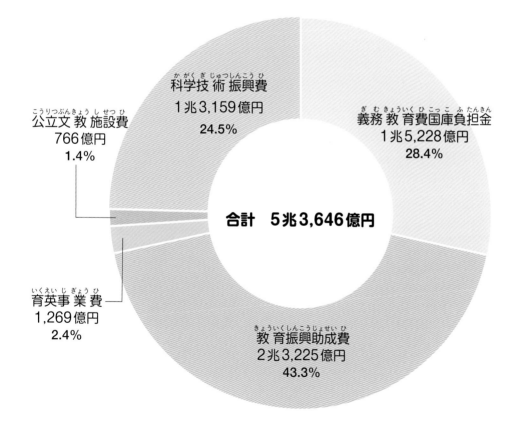

科学技術振興費
1兆3,159億円
24.5%

公立文教施設費
766億円
1.4%

義務教育費国庫負担金
1兆5,228億円
28.4%

合計　5兆3,646億円

育英事業費
1,269億円
2.4%

教育振興助成費
2兆3,225億円
43.3%

出典：財務省ホームページ「平成30年度予算及び財政投融資計画の説明」

先生や学校を支える税金

　文教および科学振興費の70%以上を占めている「義務教育費国庫負担金」と「教育振興助成費」は、みなさんが通う学校を支える税金です。「国庫」とは税金などの国の資金、「国庫負担金」とは国の資金から出したお金を意味しています。

　日本国憲法第26条2項では、「すべて国民は、法律の定めるところにより、その保護する子女に普通教育を受けさせる義務を負ふ。義務教育は、これを無償とする」とな

っています。これを「義務教育」といい、公立の小学校と中学校の合計9年間がその期間となります。義務教育費は、それにかかわる費用として使われる税金です。

　この税金は国から各都道府県へ分けられ、都道府県から区市町村へ、区市町村から学校へと分けられていきます。すべて国の税金（国税）だけでまかなっているわけではなく、自治体で集めた税金（地方税）も使われています。

義務教育費国庫負担金の流れ

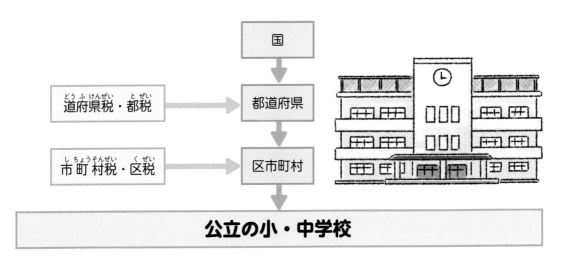

道府県税・都税 → 都道府県

市町村税・区税 → 区市町村

国 → 都道府県 → 区市町村 → 公立の小・中学校

義務教育費は、学校で働く先生や事務員さんの給料などの人件費に使われます。

一方、教育振興助成費は、学校のいろいろなものに使われます。たとえば、毎年新しいものが配られる教科書の購入費もそのひとつです。

そのほか、小学6年生と中学3年生を対象に毎年行われる「全国学力・学習状況調査」の費用や、国立大学の運営費、私立学校への助成、世界をめざすスポーツ選手の強化などにも使われています。

高校は義務教育ではないため、基本的には家庭が払う授業料などからまかなうことになります。しかし、小・中学校にくらべてお金がかかるため、2010年度からは授業料にあたる金額を国が支給しています（2014年度からは年収約910万円の所得制限を実施）。これが「高等学校無償化」です。

義務教育費や教育振興助成費にふくまれるおもなもの

教科書の購入

スポーツの振興

先生や事務員さんの給料

高校の授業料無償化の費用

お金がなくて学校へ行けない人のための税金

　義務教育や無償化された高校の場合、給食費や保護者のPTA会費などのほかは、あまりお金がかかりません。ところが大学や専門学校などでは、入学金や授業料などのお金を家庭で負担します。

　学校によってちがいますが、1年間に数十万円から、高額のところだと300万〜500万円というお金が必要になります。しかし、日本中のすべての家庭が、それだけのお金を払えるわけではありません。

　そこで、金銭的に余裕がなくても学校に行きたい人たちのために設けられたのが、「奨学金」の制度です。これは、世帯の年収が一定額以下の家庭で希望する人を審査し、ある条件を満たした場合に、一定のお金を貸しつけるものです。

　奨学金の事業は日本学生支援機構というところが行い、貸しつけのための資金の一部や回収できなかったときの処理などに使われるのが、「育英事業費」です。2018年度予算の育英事業費は、1,269億円となっています。

受け取った奨学金は、学校を卒業したあと働くようになった本人が、毎月の給料などから長い期間をかけて返していくことになります。国の関係機関からの借金ですから、無利息、あるいはかなり低い利息です。ところが、社会人になっても収入が低く、生活しながら返済するのは大変な場合もあります。また、大学を卒業しても、無事に就職できるとは限りません。

その結果、期限内に返すことができなくなったり、別の金融機関から借金をして返したりする人がいます。さらに、どうしても返せずに自己破産※をする人が多数あらわれ、社会問題となっています。大学の授業料が上がり続けるなかで、返済能力などを十分に確認せずに奨学金を貸しつける、現在の制度の問題点も指摘されています。

近年、日本学生支援機構は返さなくてもよい給付型の奨学金制度を開始し、その財源には税金が使われています。

※自己破産：裁判所に申し出て、借金をなしにしてもらうこと。裁判所が定めた分以外の財産はすべて処分する。

大学の授業料のうつりかわり

（入学年度の1年間の授業料。国立大学の2005年度以降は国が示す標準額）

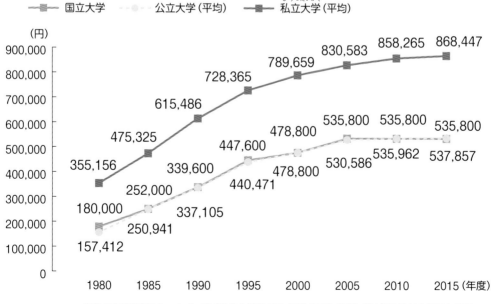

出典：文部科学省ホームページ「私立大学等の平成29年度入学者に係る学生納付金等調査結果について」

学校の校舎を建てるための税金

公立の小・中学校の校舎や体育館を建てたり、改修したりするほか、学校内のさまざまな設備の設置・修理などにかかる費用の一部には、文教および科学振興費のなかの「公立文教施設費」が使われます。

2018年度予算における公立文教施設費は、766億円です。これは文教および科学振興費の1.4%にあたります。

公立文教施設費の「公立」とは、都道府県や区市町村が作った学校の

ことです。学校の名前に「〇〇市立」や「県立」「町立」などがついている学校がそれにあたります。このような公立学校の運営には、各自治体が集めた地方税をあてるのが基本ですが、国税からも一部を負担しています。

一方、「学校法人」とよばれる「私立」の学校では、公立文教施設費ではなく、授業料や寄附金などのほか、「教育振興助成費」（➡9ページ）の一部が使われます。

公立文教施設費のおもな使われ方

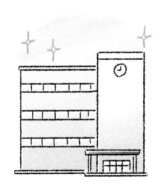

校舎の新築

校舎の改修

設備の設置・修理

公立の小・中学校は、全国で約3万校もあります（2019年現在）。それらの学校の校舎のなかには、第二次ベビーブーム（1971～1974年）による子どもの増加に合わせて建てられたものが多くあります。

それから50年近くがたち、校舎の老朽化が大きな問題となっています。

老朽化には、古く汚い、設備が使いづらくて不便といった問題だけではなく、安全面の問題もあります。たとえば、地震や台風などによる暴風雨で、建物がこわれやすくなるのです。2011年に起こった東日本大震災のあと、大地震でも耐えられるように耐震工事をしたいと訴える学校が増えましたが、費用がたりないなどの理由で、すぐには工事が行われず、長いあいだ先のばしにされ、今でも工事が行われていない建物が残っています。

ほとんどの学校は災害時に避難所として使われます。そのため、災害にあってもこわれない、じょうぶで安全、さらに使いやすい設備に一刻も早く変えていくことが求められています。

公立の小・中学校の施設の現状（2017年4月調査）

耐震性のない建物
1,399棟

うち倒壊する危険性が
高い建物
257棟

普通教室の冷房設備の割合　全体の　49.6%

築25年以上が経過した施設の割合（2015年）　全体の　75.5%

避難所に指定された学校の防災機能

耐震性のある貯水槽などがある学校　67.6%

備蓄倉庫などがある学校　74.0%

自家発電設備などがある学校　53.1%

出典：『小中学校施設を取り巻く現状等』（文部科学省資料）

科学技術の発展を支える税金

液晶テレビやスマートフォン、ハイブリッドカー、AI（人工知能）、携帯ゲーム機など、わたしたちのまわりにあるさまざまなものが、長年の研究から生まれました。

企業や大学、国の研究機関などが独自に開発したものもありますし、三者が協力して生み出したものもあります。こうした研究開発にも、国が税金からお金を出しています。

それが「科学技術振興費」です。2018年度予算では、文教および科学振興費の24.5％にあたる1兆3,159億円となっています。

これらは、ひとつの研究につぎこまれるのではなく、たくさんの研究のなかから将来必要になる技術や、成長させたい分野の研究などをいくつか選び、その研究をしている機関に分けられます。

では、実際にどのような研究に使われているのでしょうか。

2018年度でもっとも大きな使い道は、「科学研究費」（科研費）の2,286億円です。これは、できるだけ多くの研究を手助けするために使われます。また、このお金は「競争的研究資金」と呼ばれ、研究者からやりたい研究を募集し、日本学術振興会という国の関係機関が、独創的で新しい研究かどうかを審査し、助成するかを決定します。

そのほか、宇宙航空関係の費用として1,545億円を、安全で信頼性の高いロケットや人工衛星の開発などに使います。

原子力の分野では、原子力発電所を安全で確実に廃棄するための技術開発や、原子力に関する専門技術を持つ人を育てるためなどに使われます。

それ以外にも、地震や防災・減災の研究、気象予報や災害予測などに使われるスーパーコンピュータの開発、AIなどのデジタル技術を活用した新しい社会（ソサエティ5.0）を実現するための研究など、いろいろな分野で使われています。

科学技術振興費のおもな使われ方（2018年度予算）

科学研究費
（科研費）
2,286億円

宇宙航空
関係予算
1,545億円

うち、H3ロケット関連
212億円

原子力
関係予算
1,478億円

最先端大型研究施設の
整備・共用
393億円

スーパーコンピュータ、
大型放射光施設SPring-8、
SACLAなど

世界トップレベルの
研究拠点形成
70億円

出典：『平成30年度　文教・科学技術予算のポイント』（財務省資料）

日本の文化を守る税金

　美術館や博物館はもちろん、各地の資料館、神社やお寺にも、貴重な文化財や美術品が保管されています。遺跡や史跡などは、それ自体が貴重なもので、数十年から千数百年も前に作られ、大事に伝えられてきました。できるだけ長く、未来へ残していかなければなりません。

　しかし、これらの文化財は管理や保管をていねいに行う必要がありま

す。なかには、傷んでいて修理が必要なものもたくさんあります。貴重な文化財を守っていくためには、手間ひまとお金がかかるのです。

　その費用の一部が、「文化関係費」として税金でまかなわれています。文部科学省のなかにおかれた「文化庁」というところが、文化財の保護や芸術活動の振興、著作権の保護などを行っています。

2018年度予算の文化関係費は1,055億円で、文化財や芸術に関するさまざまなものに使われます。

　もっとも金額が大きいのは、文化財の修理や史跡の保存、文化財を守るための災害対策などで、2018年度は487億円となっています。

　また、国立の美術館や博物館などの運営費が287億円となっています。このなかには、文化財を地域社会で活用して、産業や観光を活発にしていこうという活動（文化経済戦略）の費用もふくまれています。

　さらに、文楽や狂言、歌舞伎などの伝統芸能を上演する国立劇場、国立文楽劇場などの運営費もふくまれています。

　ほかにも、子どもたちに文化や芸術に親しみを持ってもらうための活動や、文化・芸術活動を行っている人の支援などの費用が245億円となっています。

文化関係費のおもな使われ方（2018年度予算）

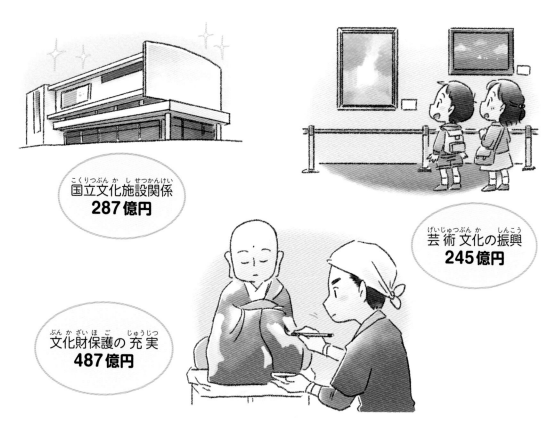

国立文化施設関係
287億円

芸術文化の振興
245億円

文化財保護の充実
487億円

出典：財務省ホームページ「平成30年度予算及び財政投融資計画の説明」

日本の「自衛活動」に使う税金

日本国憲法第9条では、「戦争の放棄」をかかげています。しかし、どこかの国から日本が攻撃されたときの「自衛活動」は認められているというのが、現在の政府の見解です。その自衛活動を行うのが「自衛隊」です。

2019年3月現在、自衛隊には22万人以上の隊員が働いています。その人たちの給料のほか、戦車や装甲車、航空機やヘリコプターなどを購入し、維持するための「防衛関係費」に税金が使われています。2018年度予算では、5兆1,911億円となっています。

また、自衛隊は、地震や台風などの災害時に救助活動や復旧作業なども行っています。ときには、海外の紛争地域へ出向いて「平和維持」のための活動をしたり、国際連合（国連）の軍隊の支援などを行ったりしています。しかし、自衛隊が海外へ出ていくことには、国民などからの反対の意見も多くあります。

防衛関係費の内訳（2018年度予算）

米軍再編関係経費
（地元負担の軽減分）
2,161億円
4.2%

新たな政府専用機導入にかかわる経費
312億円
0.6%

SACO関係費
（沖縄県の基地移転など）
51億円
0.1%

合計
5兆1,911億円

人件費・糧食費
（給料や食費など）
2兆1,850億円
42.1%

物件費（装備や機械類など）
2兆7,538億円
53.0%

出典：『平成30年版 防衛白書』（防衛省）

防衛関係費は、2012年度までは減少傾向でしたが、翌年度からは毎年増え続けています。2012年度と2018年度をくらべると、5,000億円近くも増えています。近年、日本とその周辺国との関係に緊張が走っている影響もありますが、国民のなかには、憲法の理念に反しているという意見も根強くあります。

　また、日本とアメリカのあいだでは、「日米安全保障条約」が結ばれていて、アメリカ軍の基地が日本各地におかれています。その基地で働く従業員の給料や住宅の建築費・光熱費なども、日本が税金でまかなっているのです。「思いやり予算」と呼ばれるこのお金は、2018年度で1,968億円にのぼります。なかには、基地内にあるゴルフ場などの従業員の人件費もふくまれていて、日本が負担するべきお金として不適切とする意見も多くあります。

防衛関係費と思いやり予算のうつりかわり

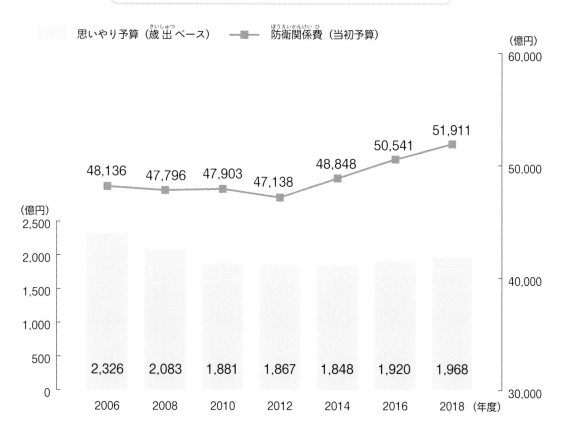

思いやり予算（歳出ベース）　　防衛関係費（当初予算）

（億円）

防衛関係費（当初予算）: 48,136（2006）／47,796（2008）／47,903（2010）／47,138（2012）／48,848（2014）／50,541（2016）／51,911（2018）

思いやり予算（歳出ベース）: 2,326（2006）／2,083（2008）／1,881（2010）／1,867（2012）／1,848（2014）／1,920（2016）／1,968（2018）

出典：『平成30年版　防衛白書』（防衛省）、防衛省・自衛隊ホームページ「在日米軍駐留経費負担の推移」

世界経済を支援するための税金

第二次世界大戦後、敗戦国となった日本は、世界からお金を貸してもらう側でした。日本は、そのお金で新幹線やダムなどを建設して、今の経済を支える基礎を作ったのです。

今の日本は、世界有数の経済大国として、支援する側になっています。「政府開発援助」（ODA）というしくみを通して、世界の開発途上国にお金を援助したり、土木や農業の技術を教えたりと、さまざまな支援をしています。

その際に使われる税金が、「経済協力費」です。2018年度予算の経済協力費は、5,089億円となっています。

経済協力費からは、国際連合（国連）や国際開発金融機関＊などへもお金を出し、より多くの国が恩恵を受けられるようになっています。

＊国際開発金融機関：開発途上国の貧困削減や経済発展などを総合的に支援する国際機関の総称。世界銀行、アジア開発銀行などを指す。

ODAへ出すお金のなかに、「二国間贈与」があります。これは、日本が特定の国を直接援助するものです。そのなかにはお金を無償で渡して発展のために活用してもらう「無償資金協力」と、さまざまな知識や技術を教え、現地の人たちが自分たちの力で生活できるようにする「技術協力」とがあります。

ほかにも、利息をつけて外国政府にお金を貸す「円借款」や、外国の民間団体へ貸す「海外投融資」があります。これらの活動を行うのが、国際協力機構（JICA）という国の関係機関です。

また、日本は国連が活動するためのお金（国連分担金）も払っています。2018年は2億3,530万ドル(約260億円)で、アメリカについいで2番目に多い金額でした。

日本のODAは、支援を受けた国々から発展の役に立ったと評価されていますが、歳入の多くを国債（➡26ページ）にたよる日本にとって、これらに税金を使うことに批判があることも事実です。国際貢献と財政のバランスをどう取っていくのかが大きな課題といえます。

一般会計ODA予算*の内訳（2018年度）

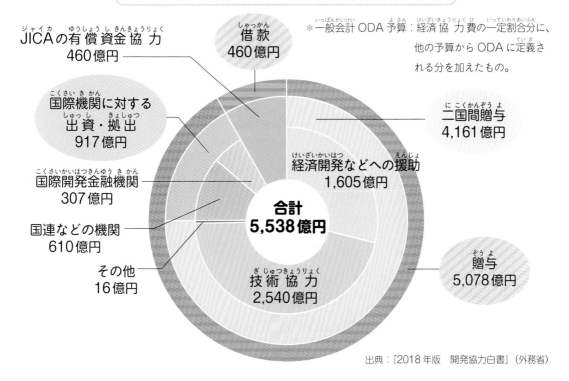

JICAの有償資金協力
460億円

借款
460億円

*一般会計 ODA 予算：経済協力費の一定割合分に、他の予算から ODA に定義される分を加えたもの。

国際機関に対する
出資・拠出
917億円

二国間贈与
4,161億円

国際開発金融機関
307億円

経済開発などへの援助
1,605億円

国連などの機関
610億円

合計
5,538億円

その他
16億円

贈与
5,078億円

技術協力
2,540億円

出典：『2018年版　開発協力白書』（外務省）

国のために働く人を支える税金

　国や自治体などでは、公共サービスを私たちに提供するため、たくさんの人びとが働いています。その人たちの給料は、税金から支払われています。国会で働く国会議員の給料は、「歳費」といい、金額は法律で決められています。

　法律により、衆議院・参議院の国会議員は月129万4,000円、各議院の議長になると月217万円、副議長は月158万4,000円を歳費として受け取ります。そのほか、年2回の期末手当（ボーナス）、議会内で役員となった場合などの手当、公務（議員の仕事）としてJRの列車や飛行機に乗る際に使える特殊乗車券や国内航空券など、さまざまな手当があります。

　なかでも金額の大きいのが、「文書通信交通滞在費」です。書類の発送や通信（ファクシミリやメールなど）、交通機関などを使う際の経費として支給され、国会議員1人あたり月100万円と決められていますが、なにに使ったのかを報告する義務がないことから、適正に使われているかを監視するしくみ作りが求められています。

国の仕事をするのは、国会議員だけではありません。文部科学省や厚生労働省などの省庁には、たくさんの国家公務員が働いています。もちろん、その人たちの給料にも税金が使われています。2019年度の政府予算案によると、国家公務員の数は約58万人で、人件費の総額は、5兆2,826億円にのぼります。

また、自治体でも、県会議員や市会議員などに給料（議員報酬）が支払われ、金額は各自治体が議会で定めた条例によって決められています。また、県庁や市役所、町役場などで働く地方公務員にも給料が出ます。2019年度の地方公務員の数は全国で約230万人、人件費は約20兆3,000億円になります。これらには、おもに地方税（➡32ページ）が使われています。

国の人件費（2019年度）

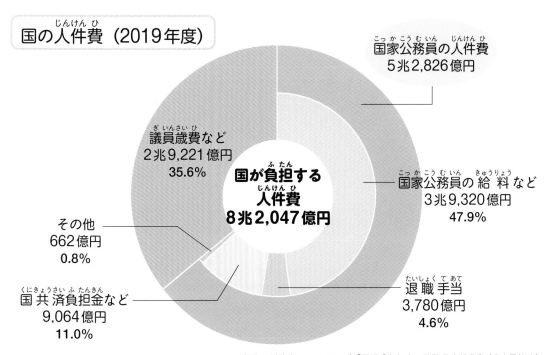

国家公務員の人件費
5兆2,826億円

議員歳費など
2兆9,221億円
35.6%

国が負担する
人件費
8兆2,047億円

国家公務員の給料など
3兆9,320億円
47.9%

その他
662億円
0.8%

国共済負担金など
9,064億円
11.0%

退職手当
3,780億円
4.6%

出典：財務省ホームページ「平成31年度　公務員人件費」（政府予算案）

公務員の人数と人件費（2019年度・概数）

	人数	人件費
国家公務員	57.8万人	5.3兆円
地方公務員	230.4万人	20.3兆円
合計	288.2万人	25.6兆円

出典：財務省ホームページ「平成31年度　公務員人件費予算のポイント」（予算ベース）

なにが問題なの？
公務員の人件費

　議員をふくむ公務員は、国民のためにさまざまな仕事をしています。日本国憲法第15条2項では、公務員のことを「全体の奉仕者であつて、一部の奉仕者ではない」としています。つまり、国民みんなの利益のために働くもので、一部の人たちの利益のために働くのではない、ということです。

　しかし、一部の公務員のなかには、企業からお金などをもらったり、公務員退職後の再就職先を用意してもらったりする見返りに、その企業を優遇する人がいます。ほかに

も、公務員による不祥事がたびたび問題になっています。

　そのような問題が起こるたびに、国民の公務員を見る目は厳しくなり、公務員の人数や人件費の削減がさけばれます。

　しかし、多くの公務員は国民のためにまじめに働いているのも事実です。人数や人件費を安易に削減すれば、その人たちの負担が増えてしまうでしょう。そうならないよう、一部に負担や権限が集中しないようにするなど、仕事の面での改革も重要です。

公務員の人数のほかに、国会議員の人数や経費もたびたび問題になります。

2019年現在、国会議員の数は、衆議院が465人、参議院が245人です。また、国会議員1人あたりに3人までは、秘書の給料も税金から支払われるので、その人件費も大きな負担となります。

財政が苦しい現状では、国会議員の数を減らすべきという意見がある一方で、国民の多様な意見を反映するには、議員の数を減らしすぎるのはよくないという意見もあります。世界とくらべても、日本の国会議員の数は決して多いとはいえません。ただし、歳費は世界トップクラスの高さといわれています。

また、「政党交付金」の問題もあります。政党交付金制度は、企業や団体から政党への資金提供（献金）を規制する代わりにできたもので、政党の活動を支援するため、税金からお金が支給されます。

しかし、この制度ができてからも、企業や団体からの献金を全面的には禁止しておらず、企業・団体と税金の両方からお金をもらう形になっていることから、メディアや国民から批判の声が上がっています。

国民100万人あたりの国会議員の数の国際比較（2015年）

（人口は国連人口基金『世界人口白書 2014』による）

イギリス	22.5人
フランス	14.32人
ドイツ	8.46人
韓国	6.06人
日本	5.65人
ロシア	4.3人
中国	2.14人
アメリカ	1.66人

日本経済新聞電子版　2015年3月9日付「国会議員数、実は並」より作成

考えてみよう！

税金のむだづかいをなくすことがさけばれている現状で、議員や公務員の数はどうすべきでしょうか？　みなさんで考えてみましょう。

国の借金・国債費

　国の歳出（➡4ページ）で、約4分の1を占めているのが、「国債費」です。国債とは、歳入が少なかったり、歳出が多くなったりして、資金がたりないときに国が発行する債券で、いわば借用書です。

　この国債は政府が発行し、一般の人でも買うことができますが、ほとんどは銀行などの金融機関が買っているのが現状です。

　国債（普通国債）には、道路や空港などの建設のための「建設国債」、歳入不足をおぎなうための「特例国債（赤字国債）」などの種類があります。

　借金である以上、期限が来れば利息をつけて返さなければいけません。その返済や利息のための資金が、「国債費」というわけです。2018年度予算の国債費は、23兆3,020億円です。

　借金は地方でも行われていて、自治体は「地方債」を発行して、資金を集めています。

国は国債を発行して、広くお金を集めている

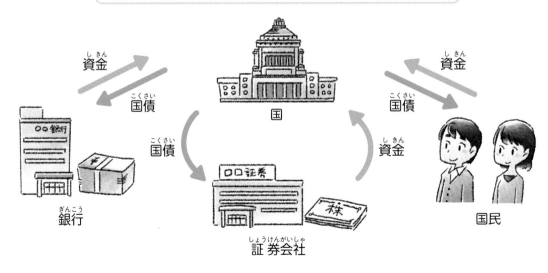

資金　国債　銀行　国債　証券会社　国債　資金　資金　国民

国債には、普通国債のほかに、「財政投融資特別会計国債（財投債）」などがあります。「財政投融資」とは、政府が財投債で得た資金を使って、日本政策金融公庫といった政府系金融機関などを通じて、事業に投資したり貸したりすることです。

投資や貸しつけをする先は、公共の利益になる仕事をする政府の関係機関、自治体、企業などです。農林水産業、教育、福祉、医療、研究開発など、公共の利益となり、長期的に資金が必要な分野に使われます。

たとえば、レアメタルの採掘やリニア中央新幹線の建設などは、最初に大きな資金が必要です。そのような事業に税金を使うことは、国民の理解が得られない可能性がありますし、民間の金融機関の資金提供にも限界があります。そこで、財政投融資が使われるのです。

かつては「第二の予算」と呼ばれるほどに金額がふくらみましたが、近年は大きく減っています。

財政投融資額のうつりかわり

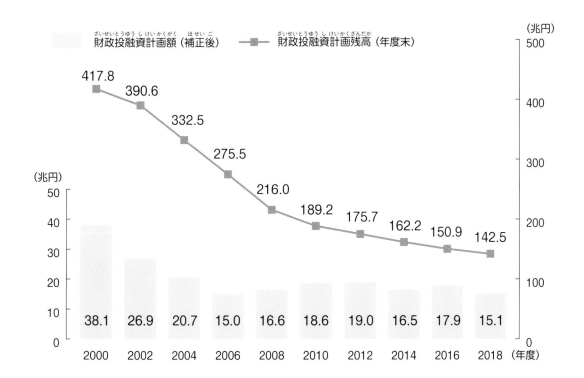

財政投融資計画額（補正後）　　財政投融資計画残高（年度末）

（兆円）	2000	2002	2004	2006	2008	2010	2012	2014	2016	2018（年度）
残高	417.8	390.6	332.5	275.5	216.0	189.2	175.7	162.2	150.9	142.5
計画額	38.1	26.9	20.7	15.0	16.6	18.6	19.0	16.5	17.9	15.1

出典：財務省ホームページ「財政投融資関連統計」

なにが問題なの？

国債費

日本は、第二次世界大戦中に税収を上回る金額の国債が発行されたため、戦後に経済の混乱をまねきました。その反省から、財政法がつくられ、赤字国債の発行や、国債を日本銀行が買うことを禁止しました。

しかし、日本が経済成長をするにしたがって、道路や鉄道、社会福祉などにお金がかかるようになり、1965年に特例法をつくって赤字国債を発行しました。この特例法は期限つきでしたが、1975年度以降、期限が来るたびに特例法を制定することで、1990年代の数年間をのぞく現在まで、赤字国債を発行し続けています。2018年度の国の歳入（一般会計予算）のうち、約35％にあたる33兆6,922億円が国債などの発行による「借金」です。

さらに、普通国債の発行残高は、2019年度末見込みで約897兆円、地方債なども合わせると、1,000兆円を超えるまでにふくれあがっています。

日本の国債の累積発行額

(2011年の東日本大震災の復興のための復興債をふくむ)

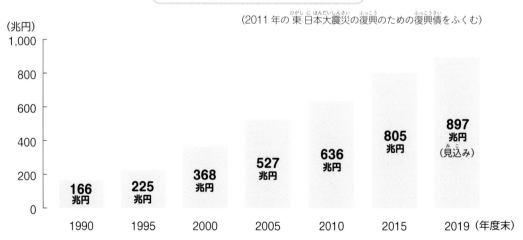

（兆円）	1990	1995	2000	2005	2010	2015	2019（年度末）
	166兆円	225兆円	368兆円	527兆円	636兆円	805兆円	897兆円（見込み）

出典：財務省ホームページ「財政に関する資料」

ここまでふくれあがった借金を、どうやって返していけばいいのでしょうか？　2018年度の歳出を見ると（→4ページ）、4分の1にあたる23兆3,020億円を国債費として、返済と利息の支払いにあてています。一方で、歳入の3分の1以上は国債の発行によってまかなわれています。つまり、借金を返すために、借金をしているという状態なのです。

　今は、金融機関が多くの国債を買ってくれています。その資金は、国民があずけた預貯金などです。2018年末時点で、日本には984兆円の現預金があり、それ以外の金融資産を集めると、約1,830兆円にのぼります。これらによって、政府が借金を重ねていても、今は経済がはたんしないでいられるのです。

　しかし、この状態がいつまでも続くとはかぎりません。借金は未来へのツケでもあるので、未来を生きるみなさんに必ず回ってきます。このツケを少しでも減らすことが、日本の課題でもあるのです。

考えてみよう！

これ以上、国の借金を増やさないために、どのような方法があると思いますか？　みなさんで考えてみましょう。

地方にくばられる税金

2018年度の歳出（➡4ページ）の16%近くを占めているのが、「地方交付税交付金」です。財源は国が集めた国税ですが、地方の仕事に使われるため、「国が地方に代わって集める地方税」ともいわれます。

本来、自治体が行う仕事に使うお金は、地方税でまかなうべきものです。しかし、たとえば人口が1,000万人を超え、多くの大企業が集まる東京都と、人口も資源も少ない県では、税による収入にどうしても差が出てしまいます。そうなると、

同じ税金を納めているのに、住んでいる地域によって受けられる行政サービスに差ができてしまうことにつながるのです。そこで、国税の一部を、地方交付税交付金というかたちで自治体に振り分けることで、格差が広がるのを防いでいます。

2019年度、地方交付税交付金を受け取っていない自治体は、都道府県では東京都だけ、市町村は85団体で、おもに工業地帯や原子力発電所などがある自治体が多いのが特徴です。

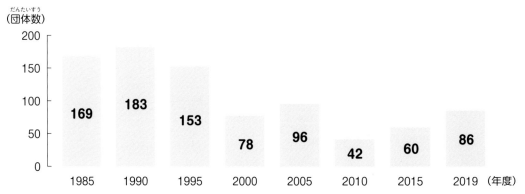

地方交付税交付金不交付団体数のうつりかわり

（都道府県と市町村の合算）

（団体数）

年度	団体数
1985	169
1990	183
1995	153
2000	78
2005	96
2010	42
2015	60
2019	86

出典：総務省ホームページ「令和元年度普通交付税の算定結果等」

地方交付税交付金以外にも、国が自治体に配るお金があります。そのひとつが「国庫支出金」です。

公共サービスのなかには、国と自治体が共同で行ったり、国の仕事を自治体にまかせたりして、その費用を国庫支出金というかたちで国税から負担しているものがあります。

地方交付税交付金が使い道を限定されていないのに対し、国庫支出金は使い道が国によって限定されて

います。たとえば、8ページの「義務教育費国庫負担金」は、学校の先生の給料といった義務教育に関することにしか使えません。

そのほか、「文化センターを建てたい」などの自治体の要望に応じて、国が補助金を出したりしますが、これも国庫支出金の一種（国庫補助金）です。国が補助金の決定権をにぎっているため、「地方分権」が進まない要因といわれています。

地方分権とは？

国は、全国一律のルールで行政を行います。しかし、それでは地方それぞれの事情に合わず、ムダができたり、逆に地域で必要な公共サービスが受けられなかったりします。そこで、「住民に身近なことは、その地域の住民が決める。そのために国の権限や財源を自治体にうつす」というのが、「地方分権」です。

地方分権を進めるため、国庫支出金を減らして地方交付税交付金を増やしたり、所得税を減らして住民税を増やしたりしていますが、財源や権限を減らしたくない中央省庁の抵抗などもあり、なかなか進んでいないのが現状です。

地方税の使われ方

国は、経済政策や外交、法律の策定など、広い意味での国民の利益にかかわる仕事をしています。一方、地方の自治体は、住民一人ひとりのくらしや権利にかかわる仕事をしています。

たとえば、警察の場合は、各都道府県に「○○県警」「○○府警」「警視庁（東京都）」などの警察組織がおかれ、それぞれが独立して、管轄となる地域を守っています。しかし、地域をまたいで起こった事故や犯罪、全国的に問題となっている事件などを捜査する場合は、都道府県警察同士が協力しあったり、国の機関である警察庁が、各都道府県警察を指揮・監督したりします。

2017年度に全国の警察で使われたお金（警察費）は3兆2,604億円（決算）で、その財源はおもに地方税と地方交付税交付金（➡30ページ）です。

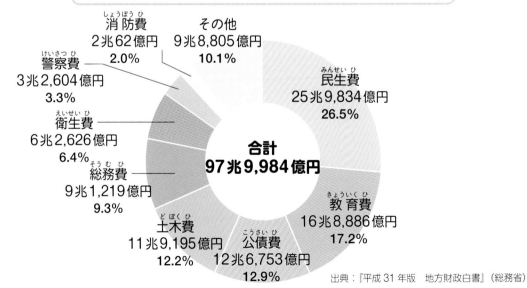

地方公共団体の目的別歳出額（2017年度決算）

消防費
2兆62億円
2.0%

その他
9兆8,805億円
10.1%

警察費
3兆2,604億円
3.3%

衛生費
6兆2,626億円
6.4%

総務費
9兆1,219億円
9.3%

土木費
11兆9,195億円
12.2%

公債費
12兆6,753億円
12.9%

教育費
16兆8,886億円
17.2%

民生費
25兆9,834億円
26.5%

合計
97兆9,984億円

出典：『平成31年版　地方財政白書』（総務省）

一方、消防や救急は、各市町村がおく「消防本部」や「消防局」(東京都は都が「東京消防庁」をおく)が担当しています。警察とちがって、国や道府県には、消防の指揮・監督をする権限がありません。

消防で働く人は、おもに消防本部や消防署で働く「消防職員(消防吏員)」と、ふだんは別の仕事をしている「消防団員」の大きく2つに分かれます。消防団員は、市町村よりも小さい地域の消防や防災をになう大事な存在で、消防職員が全国に約16万人なのに対し、消防団員は約84万人もいます(2018年4月現在)。消防職員も消防団員もともに身分は公務員(消防団員は非常勤)で、税金から給料や手当が支払われます。

2017年度に、全国で消防・救急に使われたお金(消防費)は、2兆62億円(決算)で、警察費と同じく、おもに地方税と地方交付税交付金でまかなわれています。

地方の自治体は、警察・消防のほかにも、たくさんの仕事をしています。義務教育に関する仕事（➡8ページ）、国民健康保険や年金、介護に関する仕事、児童福祉に関する仕事も地方の仕事です。また、ごみ処理や上下水道、保健所、公立高校、公立大学など、実にさまざまな仕事があります。

一方で、地方の仕事のなかには、国が本来行うべき仕事もあります。たとえば、国道や一級河川と呼ばれる川は国が管理し、県道・市道、二級河川などは地方が管理することになっています。しかし、国道や一級河川のなかには、国が自治体に管理をまかせているものも多くあります。また、戸籍の管理や手続き、生活保護の支給、国会議員の選挙、パスポートの交付なども、国が地方にまかせている仕事です。

これらの仕事を「法定受託事務」といい、費用の一部は国が負担しています。

法定受託事務の例

- 一部の国道の管理
- 一部の一級河川の管理
- 戸籍事務
- 生活保護の支給
- 国政選挙
- 旅券（パスポート）の交付
- 国が指定する統計調査

近年、テレビや新聞などのメディアで、「ふるさと納税」についての話題をよく見聞きします。

このふるさと納税は、2008年からはじまったもので、「納税」とよばれていますが、実際は税金ではなく「寄附金」です。本来、自分の住んでいる地域の自治体に税金を払いますが、ふるさと納税は住んでいなくても応援したい自治体を選んで、一定額の寄附をすることで、所得税と住民税の一部が控除（差し引くこと）されます。さらに、寄附を受け取った自治体から、特産品などの「返礼品（お礼品）」が贈られるので人気があるのです。

ふるさと納税は、税収の少ない自治体にとって、重要な収入源となっています。一方で、住民がほかの自治体に寄附をすると、その住民が住む自治体は住民税を控除しなければならないため、税収が減ってしまいます。よって、自治体同士で税金の取り合いになってしまい、返礼品の豪華さを競うようになり、「自分の生まれ育ったふるさとへの恩返し」という本来の理念からはなれつつあります。

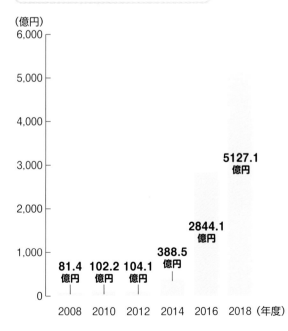

ふるさと納税の受入額のうつりかわり

（億円）

年度	受入額
2008	81.4億円
2010	102.2億円
2012	104.1億円
2014	388.5億円
2016	2844.1億円
2018	5127.1億円

ふるさと納税の受入額の多い自治体、流出額の多い自治体（2018年度）

（流出額は寄附による住民税の控除額）

【受入額】

1	泉佐野市（大阪府）	498億円
2	小山町（静岡県）	251億円
3	高野町（和歌山県）	196億円
4	みやき町（佐賀県）	168億円
5	都農町（宮崎県）	96億円

【流出額】

1	横浜市（神奈川県）	137億円
2	名古屋市（愛知県）	81億円
3	大阪市（大阪府）	74億円
4	川崎市（神奈川県）	56億円
5	世田谷区（東京都）	53億円

出典：『ふるさと納税に関する現況調査結果（令和元年度実施）』（総務省資料）

予算はどこが使うの？

税金（国税）の使い道を決めるのは、「国会」です。政府が出した予算案を国会で審議して、可決、成立すれば、翌年度の税金の使い道が決まります。

その税金を実際に使うのは、「政府」です。政府とは、広い意味では国会や裁判所、行政府（内閣や行政機関）をいいますが、一般的には行政府を指します。国会も裁判所も税金で運営されているので、ここでいう「税金を使う」のは、広い意味での政府で、予算案を出すのは行政府となります。

行政府とは、内閣のほか、総務省、厚生労働省、文部科学省などの省（行政機関）を指します。ほかにも、行政府や国会、裁判所とは独立した機関として、「会計検査院」があります。会計検査院は適正に税金が使われているかを検査する機関です。ほかにも、公務員の採用試験や給料にかかわる機関として「人事院」があります。

日本の行政機関（行政府）

府・省	おもな機関・外局など
内閣府（内閣）	公正取引委員会、国家公安委員会、金融庁、消費者庁、日本学術会議、宮内庁　など
復興庁	復興推進会議　など
総務省	公害等調整委員会、自治大学校、中央選挙管理会、消防庁、消防大学校　など
法務省	検察庁、刑務所、少年刑務所、少年院、公安審査委員会、出入国在留管理庁、公安調査庁　など

文部科学省には「スポーツ庁」や「文化庁」、農林水産省には「水産庁」「林野庁」、内閣府には「国家公安委員会」など、各府省の下には、「〇〇庁」や「〇〇委員会」などと呼ばれる機関や外局がたくさんあり、それぞれが専門的な仕事をしています。

国の仕事は多岐にわたるため、行政機関の数もたくさんありますが、なかには仕事の内容が重複しているものも少なくありません。しかし、各行政機関のなわばり意識から、協力して仕事をすることが少なく（縦割り行政）、行政にむだが生まれているという批判があります。

その批判にこたえるため、2001年、政府はいくつかの省庁をくっつけ、省庁の数を大幅に減らしました。しかし、それで縦割り行政のむだが大きく減ったとはいえないのが現状です。

外務省	外務省研修所、在外公館（大使館、総領事館など）　など
財務省	財務局、税関、国税庁　など
文部科学省	文化庁、スポーツ庁、日本学士院、日本ユネスコ国内委員会、国立教育政策研究所　など
厚生労働省	検疫所、国立感染症研究所、国立社会保障・人口問題研究所、中央労働委員会　など
農林水産省	林野庁、水産庁、植物防疫所、動物検疫所　など
経済産業省	資源エネルギー庁、特許庁、中小企業庁　など
国土交通省	国土地理院、運輸安全委員会、海上保安庁、航空保安大学校、気象庁、観光庁　など
環境省	原子力規制委員会　など
防衛省	防衛大学校、防衛医科大学校、防衛装備庁　など

さくいん

参考資料

『図説　日本の財政 (平成 30 年度版)』宇波弘貴編著 (財経詳報社)

『財政のしくみがわかる本』神野直彦著 (岩波ジュニア新書)

『改訂新版　イラストで学べる税金のしくみ』(全 3 巻) 大野一夫著 (汐文社)

『税ってなに?』(全4巻) 三木義一監修 (かもがわ出版)

『税金の大事典』神野直彦監修 (くもん出版)

財務省ホームページ

国税庁ホームページ

内閣府ホームページ

文部科学省ホームページ

防衛省・自衛隊ホームページ

外務省ホームページ

総務省ホームページ

日本経済新聞社ホームページ

イラスト●佐田みそ

本文デザイン●佐藤紀久子、片山奈津子 (株式会社ワード)

表紙デザイン●西野真理子 (株式会社ワード)

執筆協力●澤野誠人 (株式会社ワード)、加藤達也

制作協力●株式会社ワード

どうなってるの？　税金の使われ方

②学ぶ・くらしを守る〜学校・文化・警察・消防ほか

2020 年 1 月　初版第 1 刷発行

編著者　『税金の使われ方』編集委員会
発行者　小安宏幸
発行所　株式会社汐文社
　　　　〒 102-0071　東京都千代田区富士見 1-6-1
　　　　電話 03-6862-5200　ファックス 03-6862-5202
　　　　URL https://www.choubunsha.com
印　刷　新星社西川印刷株式会社
製　本　東京美術紙工協業組合

ISBN 978-4-8113-2657-3

乱丁・落丁本はお取り替えいたします。
ご意見・ご感想は read@choubunsha.com までお寄せください。